Martina Steinkühler

BIBELGESCHICHTEN FÜR KLEINE LEUTE

Martina Steinkühler

BIBEL-GESCHICHTEN

FÜR KLEINE LEUTE

Patmos

Für die Schwabenverlag AG ist Nachhaltigkeit ein
wichtiger Maßstab ihres Handelns. Wir achten
daher auf den Einsatz umweltschonender Res-
sourcen und Materialien. Dieses Buch wurde auf
FSC®-zertifiziertem Papier gedruckt. FSC (Forest
Stewardship Council®) ist eine nicht staatliche,
gemeinnützige Organisation, die sich für eine
ökologische und sozial verantwortliche Nutzung
der Wälder unserer Erde einsetzt.

1. Auflage 2012

Gestaltung: Finken & Bumiller, Stuttgart
Umschlag- und Innenillustration: Elli Bruder
Druck: Offizin Andersen Nexö, Zwenkau
Hergestellt in Deutschland
ISBN (Print) 978-3-8436-0229-7
ISBN (eBook) 978-3-8436-0300-3

INHALT

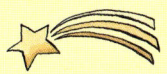

Kennt ihr schon Frau Bibelwitz von nebenan? Das ist die Frau, die Niklas und mich abends zu Bett bringt, wenn Mama noch arbeiten muss. Mama ist Krankenschwester.

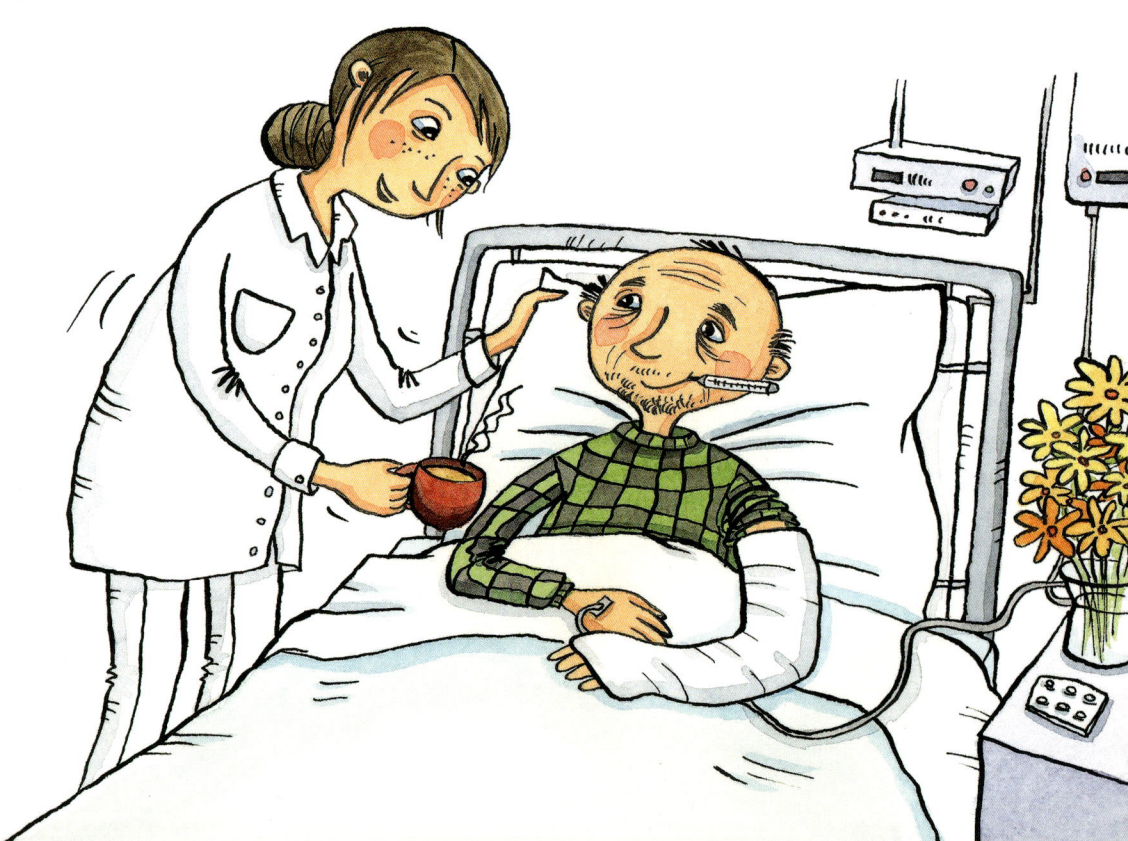

Frau Bibelwitz mag gern
Kakao mit Schlagsahne,
Pizza ohne Rand und
Papas Lakritzschnecken.

Frau Bibelwitz hat rote Haare,
einen dicken bunten Schal
und – Mose. Das ist Mose:

Zusammen mit Mose erzählt
Frau Bibelwitz uns abends
Geschichten aus der Bibel.
„Da steht alles drin", sagt sie.
„Von dir und von mir und von
allen Menschen."

„Und von Gott", sagt Mose. Wirklich, das tut er! Er spricht! Aber nur, wenn es wichtig ist. Und immer nur von Gott.

ADAM UND EVA VERLASSEN DAS PARADIES

Einmal erzählte Frau Bibelwitz uns von den allerersten Menschen, die auf der Erde lebten.

Das war, als Niklas einen Unfall mit seinem Bobby-
car gebaut hatte und über das Pflaster weinte, das wir
ihm aufgeklebt hatten. Da fragte Niklas: „Warum gibt
es Unfälle? Warum gibt es Schmerzen? Mist, so was!
Echt!"
Mose machte ein Auge auf und sagte: „Gott war das
nicht!" Ja, ihr habt richtig gehört: „Nicht Gott", sagte er.
„Zumindest nicht mit Absicht."

Zuerst war da ein wunderschöner Garten. Ganz viele Bäume wuchsen darin, sie trugen Früchte und Blüten zugleich. Der erste Mensch lebte darin, Adam. Er sah sich um und sagte: „Wie wunderbar ist dieser Garten! Ich will ihn Gottes Garten nennen." Und er probierte alle Früchte.

In der Mitte des Gartens aber war ein Baum, der höher, stärker und schöner war als alle anderen Bäume im Garten. „Das soll Gottes Baum sein", sagte Adam. „Um den will ich einen großen Bogen machen." Und er zog um den Baum einen heiligen Kreis.

Adam fand auch Tiere, die ihm Gesellschaft leisteten, und schließlich Eva, seine Frau. Adam zeigte Eva den Garten und alles, was darin wuchs, und ließ sie von allen Früchten probieren. Nur von dem Baum in der Mitte des Gartens gab er ihr nicht. „Das ist Gottes Baum", sagte er. „Der soll uns heilig sein."

„Was würde denn passieren, wenn wir von Gottes Baum essen würden?", fragte eines Tages eine Stimme in Eva. (Später erzählte Eva ihren Kindern, es sei die Stimme einer Schlange gewesen.) „Vielleicht", sagte die Stimme lockend, „vielleicht würden wir werden wie Gott?"

Eva fand, dass sie das ausprobieren sollte. Sie pflückte und aß von dem Baum in der Mitte des Gartens. Und gab auch Adam davon.

„**Und?**", fragte Niklas. „Was ist passiert?" Frau Bibelwitz nahm eine Lakritzschnecke. „O", sagte sie, „sie wurden wie Gott. Aber anders, als sie gedacht hatten: Von da an konnten sie nicht mehr in dem Garten leben. Sie mussten hinaus in die Welt: auf die Straßen und in die Dörfer und in die Städte der Menschen. Sie mussten arbeiten und Schmerzen ertragen. Sie mussten Krankheiten erleiden, Kummer und Tod."
„Denn das alles", sagte Mose, „das tut auch Gott."

NOAH
BAUT EINE
ARCHE

Einmal erzählte Frau
Bibelwitz uns von einem
gewaltigen Regen, der
beinahe alles Leben auf
der Erde vernichtet hätte.

Das war, als es den ganzen Tag lang geregnet hatte und Niklas ärgerlich fragte: „Wer macht bloß den ganzen Regen?" Da öffnete Mose ein Auge und blinzelte. „Wer weiß?" Ich starrte ihn an. „Ist das alles?", fragte ich. Er zwinkerte und sagte: „Aber ich weiß, wer vor dem Regen retten kann."

Der achtsamste Mann weit und breit war Noah. Er achtete auf seine Frau und seine Kinder. Er achtete auf den Esel und die Eidechsen. Er achtete auf die kleinste Rebe vom Weinstock. Und natürlich auf die Nachbarn. Seine Söhne hießen Sem, Ham und Jafet und sie waren beinahe so achtsam wie ihr Vater. Sie waren schon verheiratet und alle zusammen eine große fröhliche Familie.

Eines Tages begann Noah wunderlich zu werden. Es fing damit an, dass er Bäume fällte. „Ich brauche Holz", sagte er und spaltete die Stämme. „Bauholz", sagte er und rief nach seinen Söhnen, damit sie ihm halfen. Sie wunderten sich. Aber sie folgten ihm. Er hatte ihnen noch nie etwas Falsches geraten.

„Was willst du bauen?", fragte Noahs Frau. Noah lächelte nur. Er begann, einen großen Kasten zusammenzuzimmern. „Ein Haus", sagte Jafet. „Eher ein Boot", meinte Sems Frau. „Hier, auf dem trockenen Land?", fragte Hams Frau. „Es würde doch nie schwimmen."
Sie sollte sich sehr irren.

Als das Boot fertig war, setzte sich Noah auf das Dach und lockte die Tiere. Er rief die Vögel, die Tiere der Wälder und Felder, die Schlangen, die Eidechsen und die Würmer. Paarweise kamen sie, und Noah lud sie ein in sein Boot. „Was wollen sie?", fragte Noahs Frau. Noah sagte: „Leben."

Und dann fing es an zu regnen. Es regnete so stark, dass der Tag finster wurde. So stark, dass die Regentropfen Löcher in den Boden schlugen. So stark, dass Noahs Frau nicht mehr die Hand vor Augen sah. „Komm rein!", rief Noah und winkte sie in sein Boot.

„Sem, Ham, Jafet, kommt alle rein! Es wird Zeit!"
„Ist es im Haus denn nicht schöner?", fragte Sems
Frau noch. Aber sie folgten Noah, denn er hatte ihnen
noch nie etwas Falsches geraten. Jafets Frau kam als
Letzte. Sie pflückte noch rasch eine Rose.

„**Und?**", fragte ich. „Was geschah?" Frau Bibelwitz
trank einen Schluck heißen Kakao. „Es regnete und
regnete und regnete und hörte gar nicht wieder auf.
Die Erde versank in den Fluten. Nur Noahs Boot, die
Arche, schwamm oben. Und alle, die in ihr saßen, waren
geborgen." „Und das hat Gott gemacht!", sagte Mose.
„Du meinst, er hat Noah den Tipp gegeben?", fragte
Niklas. Mose öffnete sein zweites Auge. „Gott tat sogar
noch mehr", sagte er. „Der Regen hörte auf", sagte Frau
Bibelwitz, „nach einhundertfünfzig Tagen." „Und Gott
spannte einen Bogen zwischen Himmel und Erde",
sagte Mose, „und sprach: ‚Die Erde soll am Leben
bleiben.'" Ich nickte. Diesen Bogen kenne ich ...

ABRAHAM ZIEHT MIT DEN HERDEN

Einmal erzählte Frau Bibelwitz uns von Abraham und Sara. Das war, als Papa angerufen hatte, dass er noch eine Tour fahren muss mit seinem Brummi und dass er erst am Wochenende nach Hause kommt.

Wir waren beide sehr traurig darüber, Niklas und ich, und Niklas schmiss seine Spielzeugbrummis durch das Zimmer, dass es schepperte. „Warum muss er immer fort? Warum bleibt er nicht bei uns?", fragte Niklas. Da wickelte Frau Bibelwitz eine der Lakritzschnecken ab und machte meinem Bruder daraus ein Armband. „Denk an ihn", sagte sie, „dann ist er bei dir, auch wenn er weit weg ist." Und Mose zwinkerte mir zu und sagte: „So wie Gott bei Abraham."

Haran war eine Stadt mit festen Häusern. Eines davon gehörte Abraham und Sara, seiner Frau. Ihre Herden grasten an den Ufern des großen Flusses. Der hatte immer genug Wasser, um alles Land grün und fruchtbar zu machen. Aber Abraham und Sara waren nicht so glücklich, wie sie hätten sein sollen. Abraham war unruhig. Das Wandern lag ihm im Blut, das hatte er von seinem Vater geerbt. Und Sara – Sara wünschte sich ein Kind.

„**Wie** wäre es denn, wenn wir weiterziehen?", fragte Abraham eines Abends am Feuer. Er stocherte in der Glut. Sein Neffe Lot saß bei ihm. „Das ist eine großartige Idee!", rief Lot sofort. „Endlich einmal weg hier! Fremde Länder, Abenteuer!" Er fing gleich an zu schwärmen.

Abraham achtete auf Sara. Sie blieb lange still. „Vielleicht", sagte er, „gibt es irgendwo ein Land, das noch viel mehr zu uns gehört als dieses." Sara lachte leise. „Das müsste ein Land sein, in dem wir Kinder haben." Sie meinte damit wohl: So ein Land gibt es nicht.

Aber Abraham sagte plötzlich: „Ja!" Er warf den Stock weg und stand auf. „Ja, Sara. So wird es sein!"
Am nächsten Tag packte Abraham alles zusammen, was Sara und er besaßen. Dann verabschiedete er sich von seiner Familie. Er musste nicht einmal weinen.

„Wo geht ihr hin?", fragte Abrahams alter Onkel.
„Gott weiß es", sagte Sara und lächelte.

„**Und?**", fragte ich. „Was geschah?" Frau Bibelwitz
legte auch mir eine Lakritzschnecke ums Handgelenk.
„Einen Sohn hat Sara bekommen", sagte sie fröhlich.
„Den Isaak. Und sie ist die Urururururgroßmutter des
ganzen Volkes Israel geworden." „Und Abraham der
Ururururururururururgroßvater", ergänzte Niklas. Er
muss immer übertreiben. „So kann es gehen, wenn
man aufbricht", sagte Frau Bibelwitz. „Wie konnte
Abraham das wissen?", fragte ich skeptisch. „Das hat
ihm Gott gesagt", sagte Mose und kniff ein Auge zu.
„Und dann noch mehr. Gott sagte: ,Ich werde mit dir
gehen. Ich segne dich und du sollst ein Segen sein.'"

JAKOB
MACHT UMWEGE

Einmal erzählte Frau
Bibelwitz uns von Abrahams
Enkel Jakob.

Das war, als Niklas das Mensch-ärger-dich-nicht-Spiel
vom Tisch gefegt hatte, nachdem ich dreimal gewonnen hatte. „Ich will Erster sein!", schrie er. „Ich will keine große Schwester!" Und dann, etwas ruhiger: „Wer
hat dich bloß zuerst auf die Welt kommen lassen?"
Mose riss beide Augen auf. „Das war Gott", sagte er.
Und Frau Bibelwitz erzählte, dass Niklas nicht der Erste
sei, der nicht gern Zweiter war.

Jakob hatte einen Zwillingsbruder, der hieß Esau.
Die beiden waren einander gar nicht so ähnlich, wie
Zwillinge das sonst so sind. Sie waren ganz verschie-
den. Esau war rau und wild und wurde ein Jäger. Jakob
war ruhiger. Er blieb beim Haus und bei den Herden.
Jakobs Mutter Rebekka erzählte, dass die beiden Söhne
schon bei ihrer Geburt darum gestritten hatten, wer

Erster war. Esau kam zwar ein bisschen eher zur Welt, aber Jakob folgte sofort und hielt Esaus Fuß umklammert. Und so blieb es, als die Söhne älter wurden: Immer war Esau ein wenig voraus, aber Jakob war ihm stets auf den Fersen. Und niemals gab er sich geschlagen.

Als Jakobs Vater Isaak alt geworden war und fühlte, dass er sterben würde, rief er nach seinem ersten Sohn. Er wollte ihm zum Abschied den Segen der Familie geben, der immer vom Vater an den ersten Sohn weitergegeben wird. Aber Esau war nicht da. Nur Jakob hatte seinen Vater rufen hören. „Das ist deine Chance", sagte seine Mutter Rebekka. „Geh zu deinem Vater. Er kann nicht mehr so gut sehen. Sag, dass du Esau bist, und lass dich segnen."

Jakob tat, was seine Mutter ihm gesagt hatte, und es gelang! Vater Isaak gab Jakob den Segen. Und Jakob glaubte für einen kleinen Augenblick, dass er nun endlich Erster wäre.

„**Und** Esau?", fragte Niklas empört. „Was hat Esau
dazu gesagt?" Frau Bibelwitz sammelte die Mensch-
ärger-dich-nicht-Figuren wieder ein. „Der war natürlich wütend", sagte sie. „Mit Recht!" Niklas war auch
wütend. „Jakob musste fliehen", sagte Frau Bibelwitz.
„Vor seinem eigenen Bruder." „Geschieht ihm recht",
knurrte Niklas. „Wer kann denn so was verzeihen?"
Mose reckte den Hals und öffnete ein Auge. „Gott",
sagte er, „Gott kann das verzeihen." Und Frau Bibelwitz
erzählte den Rest: dass Gott Jakob auf seiner Flucht
begleitet hat und auch zurück nach Hause. „Und da",
sagte sie und kuschelte ihr Kinn in ihren Schal, „da hat
ihm Esau auch verziehen."

JOSEF KOMMT NACH ÄGYPTEN

Einmal erzählte Frau Bibelwitz uns von Jakobs zwölf Söhnen. Das war, als ich sie fragte, ob Papa Niklas wohl lieber hätte als mich. Da sagte Frau Bibelwitz, ich hätte keinen Grund zu klagen.

Sie machte uns Pizza, schnitt sorgfältig den Rand ab und sagte: „Wenigstens ist dein Papa mit seiner Liebe nicht so ungerecht wie der Vater von Ruben und Juda und Simeon und Levi und ..." Und von wem noch, habe ich vergessen.

Jakob heiratete zwei Frauen (damals war das kein Problem). Sie waren Schwestern. Die eine, Rahel, hatte Jakob lieb. Die andere, Lea, nicht so sehr. Nun bekam aber Lea einen Sohn nach dem anderen, während Rahel lange Zeit gar nicht schwanger wurde. Da kann man sich vorstellen, wie sehr sich Jakob freute, als Josef geboren wurde, Rahels erster Sohn. Er freute sich so sehr, dass er Leas Söhne kaum noch beachtete.

Dann wurde Rahel wieder schwanger. Aber bei der Geburt dieses letzten Kindes, Benjamin, ist sie gestorben. Nun hatte Jakob also zwölf Söhne. Aber den einen, Josef, hatte er am liebsten. Josef war Jakobs Trost in seiner Trauer über Rahels Tod.

Eines Tages machte Jakob seinem Sohn Josef einen bunten Mantel. Die anderen Söhne trugen nur braune Mäntel. Als sie sahen, wie schön Josefs neuer Mantel war, traf es sie so sehr, dass sie beschlossen, Josef loszuwerden.

Sie nahmen ihm den bunten Mantel weg. Dann warfen sie Josef in einen tiefen Brunnen, in dem kein Wasser mehr war, und legten einen schweren Deckel darauf. Sie rissen den bunten Mantel in Fetzen und schmierten Blut darauf. Sie brachten ihrem Vater die Fetzen und sagten: „Josef ist von einem wilden Tier gefressen worden."

In der Nacht konnte Ruben, der älteste Bruder, nicht schlafen. Er hatte ein furchtbar schlechtes Gewissen. Schließlich stand er leise auf und lief bis zu dem Brunnen. „Josef, bist du da?" Aber kein Josef antwortete. Händler hatten ihn gefunden und mitgenommen. Sie verkauften Jakobs Lieblingssohn als Sklaven nach Ägypten.

„O Gott!", rief ich erschrocken. „Das ist nicht wieder gutzumachen!" Da ruckte Mose, die Eidechse, aufgeregt mit dem Kopf. „Das war auch nicht nötig", sagte Mose. „Das war von Anfang an sehr gut geplant."
Niklas zeigte der Eidechse einen Vogel. „Gut geplant? Das war ein ganz, ganz böser Plan!"
Frau Bibelwitz gab Mose einen Pizzarand zum Knabbern. „Gewiss", sagte Mose, „Josefs Brüder meinten es böse. Aber Gott, der meinte es gut." Und Frau Bibelwitz erzählte, dass Josef in Ägypten ein wichtiger Mann wurde. Er verwaltete die Kornvorräte des Königs von Ägypten. Und als in Josefs Heimat eine Hungersnot ausbrach, floh Josefs Familie nach Ägypten. Es war Josef, der sie aufnahm. „Und das", sagte Mose, „war der Plan!"

MOSE
FÜHRT SEIN VOLK
IN DIE FREIHEIT

Einmal erzählte Frau Bibelwitz uns von Mose. (Nicht von Mose, der Eidechse, sondern von Mose, einem Urururenkel Jakobs!) Das war, als wir fragten, ob Jakob mit seinen zwölf Söhnen denn glücklich geworden war.

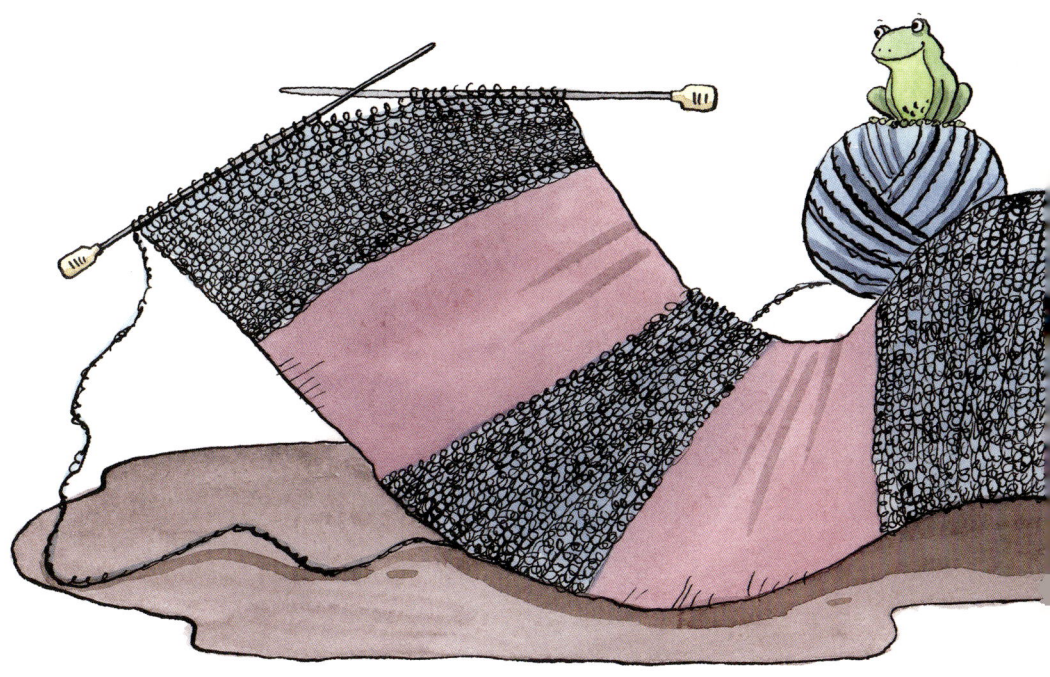

„**Doch**, doch", sagte Frau Bibelwitz zögernd. Sie hatte ihr Strickzeug dabei und strickte an einem neuen bunten Schal. „Auch wenn er ziemliches Heimweh hatte." Sie erzählte uns, dass Jakobs Familie in Ägypten riesengroß geworden sei. Am Ende waren sie ein starkes Volk. Man nannte es Israel. Und die Ägypter begannen sich vor diesem Volk zu fürchten ...

Der Pharao, so nannten sie in Ägypten den König,
behandelte die Israeliten wie Sklaven. Sie mussten
für ihn Häuser und Paläste bauen. Aber sie bekamen
keinen Lohn. Und dann erließ der Pharao noch dieses
schreckliche Gebot: Die Söhne, die sie bekamen, sollten
umgebracht werden.

Als Mose geboren wurde, versteckte seine Mutter ihn.
Sie legte ihn in ein Körbchen und setzte diese kleine
Arche ins Schilf am Ufer des großen Flusses Nil. Da
fand eine ägyptische Prinzessin den kleinen Jungen,
und weil sie sich ein Kind wünschte, nahm sie ihn,
und er wurde bei ihr groß.

Als Mose erwachsen geworden war, fand er heraus, dass er gar kein Ägypter war. Er gehörte zu den Israeliten, den Menschen aus dem Volk Israel, die der Pharao wie Sklaven behandelte. Da lief Mose erst einmal weg. Er wusste einfach nicht mehr, wohin er gehörte.

Später kehrte er zurück und wurde zum Anführer der Israeliten. Er zwang den Pharao, das Volk Israel ziehen zu lassen, und führte es aus Ägypten. Seine Schwester Mirjam und sein großer Bruder Aaron halfen ihm dabei. Mirjam war eine Seherin und Aaron wurde Priester.

Lange, lange zogen sie durch die Wüste, bis sie eines Tages das Land vor sich liegen sahen, das Land ihres Urururururgroßvaters Abraham. Da waren sie endlich zu Hause.

„**So** ein Zufall!", rief Niklas. Er hatte den neuen Schal wie einen Weg quer über unseren Spielteppich gelegt. Da machte Mose, die Eidechse, so ein Geräusch. Es klang wie Knurren oder Zischen. „Das war Gott", sagte Mose. „Gott hat Mose ausgewählt. Er hat ihm auch den Weg gezeigt."

„Und sonst noch so einiges", sagte Frau Bibelwitz. Dann erzählte sie, dass Gott zu Mose aus einem brennenden Dornbusch gesprochen hat. Und auf dem Berg Sinai hat er ihm die Zehn Gebote gegeben, die bis heute gültig sind.

„Gott hat Mose sogar seinen Namen verraten", sagte Mose. „Jahwe." „Jahwe?", fragte ich. Und Mose sagte uns, was das heißt: „Ich bin, der ich bin, und ich bin für euch da."

DAVID, DER HIRTEN- JUNGE

Einmal erzählte Frau Bibelwitz uns von David. Das war, als Tante Renate von einer Reise ins Heilige Land zurückkam und von den Hirten erzählte, die dort immer noch mit ihren Herden wanderten wie zu „Abrahams Zeiten". Sie sagte, die hätten so schmutzig ausgesehen und irgendwie „faul".

Als Niklas das am Abend Frau Bibelwitz erzählte, wurde Mose, die Eidechse, wild. Sie sperrte ihr Maul auf und biss Niklas in den kleinen Finger. „Die weiß wohl nicht, dass in jedem Hirten ein König steckt!", sagte Frau Bibelwitz. Und dann erzählte sie uns von David, dem größten König von Israel.

David war der jüngste von Isais acht Söhnen. Damit war klar, dass er die Schafe hüten musste, denn seine Brüder fanden, dass sie dazu schon viel zu alt waren. „Das ist was für Kinder", sagten sie, und so musste David die große Herde hüten, die seiner Familie gehörte.

Das Seltsame war: Es machte David gar nichts aus. Er hatte die Schafe gern und er fühlte sich wohl draußen auf den Weiden, in der Wüste, in den Bergen, an den Bächen. Das Einzige, was David als Lohn dafür haben wollte, war eine Harfe. Wenn man so ganz allein ist auf den Weiden und in der Wüste, wirkt Musik manchmal Wunder.

David hatte keine Angst vor den wilden Tieren, die seine Schafe bedrohten. Mit denen wurde er schon fertig! Nur eines machte ihm Sorge: die ständigen Kriege Israels mit dem Volk der Philister.

Davids Vater und seine Brüder waren Krieger geworden. Und wenn David allein bei seinen Schafen saß, wünschte er sich einen größeren, stärkeren Hirten, als er es selbst war, der den Vater und die Brüder und das ganze Volk Israel vor den Philistern schützen konnte.

Eines Tages kam Davids jüngster Bruder hinaus auf
die Weide. „David, David!", rief er. „Komm rasch, er
will dich sehen!" „Wer?", fragte David und stand auf.
„Ein Prophet!", rief sein Bruder. „Ein Mann Gottes. Er
ist den weiten Weg von Rama zu uns nach Bethlehem
gelaufen. Er sagt, von Isais Wurzel kommt ein König,
der Israel rettet."

„Ein König?", fragte David. Sein Bruder zog ihn mit
sich. „So was wie ein Hirte", meinte er. „Nur viel
größer und stärker." „Der das Volk rettet?", fragte
David. „Vor den Philistern", sagte sein Bruder.

David hatte dem Gast, dem Gottesmann Samuel, noch nicht ins Gesicht geschaut, als der alte Mann schon jubelte. „Das", rief er und zeigte auf David, „ist der kommende König!" Und er goss Salböl auf Davids Kopf. Der hielt verwundert still. „Ich?", fragte er. „Ich selbst?"

Seine Brüder fanden das ungerecht und beschwerten sich. „Er ist zu jung", sagten sie. „Er ist zu klein." „Er ist nur ein Hirte." „Ihr seht nur das Äußere", sagte Samuel. „Gott aber sieht das Herz an."

Frau Bibelwitz hörte auf zu erzählen. Aber Niklas wollte mehr wissen. „Hat David die Philister besiegt?", fragte er. „Haben die Leute ihn wirklich zum König gemacht?" Mose öffnete beide Augen gleichzeitig. „Nicht die Leute", sagte er. „Das hat Gott gemacht." Und Frau Bibelwitz erzählte uns, wie David mit nichts als einer Steinschleuder Goliat besiegte, den größten und stärksten der Philister. „Ein König und ein Krieger", sagte Niklas begeistert. Frau Bibelwitz nahm unser Kuscheltierschaf und streichelte es. „Aber die Harfe war ihm lieber", sagte sie. „Und wisst ihr, was er sang?" Mose reckte den Hals: „Gott", sagte er, „ist mein Hirte."

HIOB
GIBT NICHT
AUF

Einmal erzählte Frau Bibelwitz von Hiob. Das war, als die alte Frau von gegenüber, die immer so böse zu uns war, ins Krankenhaus gebracht wurde.

„**Geschieht** ihr recht", sagte Niklas. Und ich fragte:
„Ist das eine Strafe von Gott?" Da fauchte Mose wie ein
Drache. „Nein!", sagte er. Sonst nichts. Aber Frau Bibel-
witz sagte: „So was denken wir oft …"

Da war ein Mann, der war genauso achtsam wie Noah.
Er lächelte wie Abraham. Er hatte Kinder und Schafe, so
viele wie Jakob. Er hörte auf Gott wie Mose. Hiob hieß
er und lebte in einem Land, das keiner mehr kennt.
Sein Leben lang ging es ihm gut.

Dann wurde er sehr krank. Und ein Unglück kam nach dem anderen. (Kennt ihr das Wort: Hiobsbotschaft? Das ist damals entstanden.) Er verlor seinen Besitz, und seine Schafe starben. Am Ende starben auch seine Kinder. Alle. Nur seine Frau war noch bei ihm. Und die sagte: „Das war Gott."

Aber Hiob schüttelte den Kopf. „Das glaube ich nicht", sagte er. Und da war es ihm, als sagte Gott im Himmel leise: „Amen." Hiobs Frau hörte das nicht. Die war gerade am Fluchen.

„**Wie** ging es weiter?", fragte ich. „Hiob überstand
seine Krankheit", sagte Frau Bibelwitz. Sie hatte Kakao
für uns gekocht, damit wir besser einschlafen konnten.
„Und er fand die Kraft, alles, was er verloren hatte,
wiederaufzubauen. Es heißt sogar: Er bekam noch
einmal Kinder. Wie dem auch sei: Trotz allem, was er
hinter sich hatte, wurde er wieder froh." „Und das",
sagte Mose und sah überhaupt nicht mehr wie ein
Drache aus, „das war Gott."

ELIA
GEHT SEINEN
WEG

Einmal erzählte uns Frau Bibelwitz von Elia, dem Propheten, einem Mann Gottes wie Samuel. Das war, als Niklas immerfort „König David" spielte.

Und König-David-Spielen ging so: Niklas saß auf seinem „Thron" und ließ sich bedienen. Das Spiel ging uns bald auf den Geist, besonders mir, und darum erzählte Frau Bibelwitz uns von den Gefahren des König-Spiels. Zu Zeiten des Propheten Elia hatte Israel einen König, der kein Hirte mehr sein wollte ...

König Ahab war stolz. Er fand es großartig, König zu sein. „Dann bin ich der Größte", hatte er schon als Kind zu seiner Mutter gesagt. Und seine Mutter hatte geantwortet: „Gott ist größer." Ahab hatte mit dem Fuß aufgestampft und war zu seinem Vater gelaufen. „Der König ist größer als alle", hatte er gesagt. Und sein Vater hatte geantwortet: „Das Volk Israel hängt sehr an Gott."

„**Was** ist das für ein Gerede von Gott?", hatte Ahab zu seinem Lehrer gesagt, einem Priester wie Aaron. Und der Priester hatte die Hand gehoben und zu erzählen begonnen: wie Gott die Erde machte und den großen Regen. Wie Gott aus Abraham ein großes Volk machte und wie Gott das Volk Israel aus Ägypten befreite durch Mose, Mirjam und Aaron. Wie Gott den Hirten David groß machte und zum König über Israel.

„Ich bin kein Hirte", sagte Ahab dann. „Ich bin ein Prinz. Gott muss mich nicht groß machen. Ich bin es." Er nannte die Geschichten des Priesters „Gerede" und beschloss, Gott klein zu machen.

Ahab heiratete eine Prinzessin aus Sidon am Meer. Sie hieß Isebel und war sehr schön. Was Ahab an Isebel aber am besten gefiel, das waren ihre Götter. Ja: Götter! Sie hatte mehrere Götter und die trug sie bei sich: Figuren aus Ton oder Silber. Diese Götter sahen so klein und so harmlos aus, dass Ahab sich freute. „Das Volk soll nicht mehr Gott anbeten", sagte er, „sondern die Götter von Isebel." Und er dachte sich im Stillen: „Ich bin größer."

Einmal, als Ahab und Isebel ein Fest feierten, kam ein Mann in einem staubigen Mantel. Er war nicht prachtvoll und nicht ausgelassen wie die Leute auf Ahabs Fest. Er war auch nicht ängstlich und ärmlich wie Ahabs Diener. Er sah so aus wie einer, der andere Sachen wichtiger findet als Essen und Trinken und schöne Kleider zu tragen.

Ahab sah ihn an und ärgerte sich. „Ich habe schon
von dir gehört", sagte der König. „Du bist Elia."
Elia verneigte sich nicht. „Ich habe noch nichts von dir
gehört", sagte er. „Jedenfalls nichts Gutes."

Elia setzte sich und begann zu erzählen: wie Gott die Erde machte und den großen Regen. Wie Gott aus Abraham ein großes Volk machte und wie Gott das Volk Israel aus Ägypten befreite durch Mose, Mirjam und Aaron. Wie Gott den Hirten David groß machte und …

„**Papperlapapp!**", schrie da König Ahab. „Das ist alles nur Gerede." Er sprang empört auf. Sein großer Mantel machte Wind. Er stampfte mit den Füßen, dass es donnerte. Der Boden schien zu beben. „Den großen Regen macht wohl Gott?" Er lachte dröhnend. Seine Freunde lachten mit.

„Ja", sagte Elia leise. „Den Regen macht Gott." Er stand langsam auf. „Und er lässt dir sagen: Er wird keinen Regen mehr machen – es sei denn, du bittest ihn darum."

Ahab brüllte vor Zorn. Er stellte sich auf seinen Thron und reckte die Faust in die Höhe. „Der König bittet niemanden!", schrie er. „Der König befiehlt!" Seine Freunde jubelten ihm zu.

Elia aber drehte sich um und ging weg.

„**Und?**", fragte Niklas. Er trommelte auf die Arm-
lehnen seines „Throns". „Wer hat gewonnen?" Da sah
es aus, als ob Mose grinste. „Gott natürlich", sagte er.
Frau Bibelwitz erzählte uns, dass es lange dauerte, bis
König Ahab klein beigab. Zuerst tat er so, als ob er gar
nicht merke, dass dem Land der Regen fehlte. Dann
befahl er Isebels Priestern, Regen zu machen. Aber das
konnten sie nicht. Dann erst, dann besann er sich auf
Elia.

„Und der konnte das?", fragte Niklas und stieg von
seinem „Thron". Mose schüttelte sich. „Das hat dann
Gott gemacht", sagte er. „Für Elia", sagte ich.
Ich habe auch einmal gehört: Gott hat Elia so gern
gehabt, dass er ihn zu sich in den Himmel holte – mit
einem feurigen Wagen!

JONA
RUFT NACH
RECHT

Einmal erzählte uns Frau Bibelwitz von Jona. Das war, als Niklas endlich genau die coolen Fußballschuhe bekommen hatte, die er sich immer gewünscht hatte.

Aber Eddi aus seiner Mannschaft, der, den er immer übertrumpfen wollte, bekam genau die gleichen. Niklas schmiss seine neuen Schuhe in die Ecke. Da nahm Frau Bibelwitz die Schuhe und stellte sie ganz oben auf den Schrank. „Du bist wie Jona", sagte sie zu Niklas. „Du erreichst das, was du wolltest, aber du kannst dich nicht freuen."

Jona, der Prophet, hörte von Ninive. Ninive war eine große, reiche, mächtige Stadt. Aber übel ging es dort zu. Jona hörte, dass die Reichen in Ninive immer reicher wurden, die Armen aber immer ärmer. Jona hörte, dass die Armen in ihrem Elend zu Gott flehten: „Hilf uns, Herr, wir sind am Ende!" Und Jona kannte Gott und wusste: „So kann es nicht weitergehen. Gott will das Unrecht und das Elend nicht."

Also machte Jona sich auf (er ging nicht unbedingt auf geradem Weg dorthin, denn unterwegs bekam er Angst und machte erst mal einen Umweg) und ging nach Ninive.

Und Jona schrie in den Straßen der Stadt: „Ihr Reichen! Ändert euch! Gott kann euch nicht mehr leiden! Drei Wochen noch – dann macht er Schluss mit euch!"

Da erschraken die Reichen und überlegten. „Dieser Prophet hat recht", sagten sie untereinander. „Gott will das Unrecht und das Elend nicht." Und sie änderten ihr Leben.

Drei Wochen nur – und Ninive veränderte sein Gesicht. Ein Lächeln lag auf der Stadt. Anstatt Klagen hörte man Lobgesang in den Straßen, fröhliche Gesänge, Lachen.

Und Jona?

Jona wollte sterben.

„**Waaas?**" Ich schnappte nach Luft. „Wieso denn
das? Er hat doch alles gut gemacht!" „Mit Gottes Hilfe",
sagte Mose. Das war ja klar! „Ich glaube, Jona hat an-
gefangen, die Reichen von Ninive zu hassen", sagte
Frau Bibelwitz. „Er gönnte ihnen diese Rettung nicht."
„Wie dumm von ihm!", sagte Niklas und schob den
Trittstufenhocker an den Schrank.

JOHANNES RUFT IN DER WÜSTE

Einmal erzählte Frau
Bibelwitz uns von Johannes,
dem Täufer. Das war in
der Adventszeit.

Wir hatten Wunschzettel geschrieben und ich sagte, dass ich einmal einen reichen Mann heiraten würde. Der würde mir jeden Wunsch erfüllen.

Johannes lebte in der Wüste am Fluss Jordan und ernährte sich von Heuschrecken und wildem Honig. Er war von Natur aus eher still. Er sah sich um. Er hörte zu. Er sagte nichts. Er dachte sich seinen Teil. Eines Tages war es dann so weit, dass er genug gehört und gedacht hatte. Es war Zeit zu handeln. Johannes zog sein einfachstes Gewand an und ging fort. Er nahm nichts mit, nicht einmal seine Sandalen.

Johannes wanderte am Fluss Jordan entlang bis dorthin, wo das Land eine einsame, raue, leere Wüste war. Da blieb er. Er übernachtete in einer Höhle.

Tagsüber stand Johannes am Ufer des Jordans. Er machte seinen Mund auf und rief. Zuerst hörten ihn nur ein paar Wanderer. Aber mit der Zeit sprach es sich herum, dass da ein einsamer Rufer war, der allen etwas zu sagen hatte. Und sie kamen zum Jordan, um Johannes zuzuhören.

„**Ich** habe euch gesehen", rief Johannes. „Ihr seid eitel.
Eure Kleider sind euch wichtiger als eure Seelen." Die
Leute rieben sich die Augen. „Ich habe euch gehört",
rief Johannes. „Ihr redet viel, wenn der Tag lang ist.
Aber wann habt ihr das letzte Mal ‚Danke' gesagt oder
‚Tut mir leid' oder ‚Ich mag dich'?" Die Leute legten die
Hand an den Mund. „Das muss anders werden!", rief
Johannes. „Kommt her, ich wasche euch den Staub von
der Seele. Und dann fangt ihr noch einmal ganz von
vorn an!"

„**Von** vorn?", fragte Niklas. „Wozu?" Ich wartete darauf, dass Mose etwas sagen würde, vielleicht, dass Gott es so wollte. Da sah ich es: Mose war gar nicht da. Ich fragte Frau Bibelwitz, wo er denn abgeblieben sei, und sie sagte, dass Mose im Advent sehr viel schlafe.

„Gott kommt zur Welt", sagte Frau Bibelwitz. „Das ist wohl Grund genug für die Menschen, noch einmal ganz von vorn anzufangen." „Gott kommt?", fragte ich. Ich vermisste Mose schon sehr. Frau Bibelwitz nickte bloß. „Das bedeutet das Wort ‚Advent'."

DIE HIRTEN SUCHEN JESUS

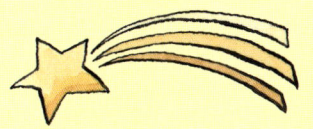

Es gibt eine Geschichte, die Frau Bibelwitz nur am Abend vor dem Heiligen Abend erzählt. Letztes Jahr hat sie es zum ersten Mal getan. Und heute wieder. Wir sitzen im Bett, zu aufgeregt, um zu schlafen. Drüben, hinter geschlossenen Türen, liegt das Weihnachtszimmer.

Mama muss morgen arbeiten und Papa kommt erst abends nach Hause. Darum ist schon alles fertig. Aber wir, wir dürfen nicht gucken …
„Das Warten lohnt sich", sagt Frau Bibelwitz. Und Mose öffnet ein Auge und sagt: „Gott kommt!"

Es war Nacht, in der Mitte des Winters. Auch wenn kein Schnee lag (Schnee liegt selten in Israel), war es doch kalt, so kalt, dass die Finger nie richtig warm wurden. Die Hirten rückten näher ans Feuer. Es war ein aufregender Tag gewesen. Wölfe hatten die Herde umkreist. Es konnte sein, dass sie in der Nacht angreifen würden. Die Hirten blieben wach und erzählten sich Geschichten.

Der älteste von ihnen, der Jakob hieß wie damals Abrahams Enkel, erzählte von einem Propheten: Jesaja. Jesaja hatte vor langer Zeit Reden gehalten. Er hatte den Menschen Hoffnung gemacht. „König David ist tot", hatte Jesaja gerufen. „Aber er kommt wieder!" Die Leute hatten die Köpfe geschüttelt. Tot ist tot und kommt nicht wieder. „Ein neuer David wird kommen!", hatte Jesaja gerufen. „Achtsam und gerecht wie David, in Gottes Namen wie David. Er macht heil, was kaputt ist, und er wird uns nie mehr verlassen. Wir werden glauben: Er ist Gott-bei-den-Menschen!"

Als der alte Hirte diese Worte sagte, veränderte sich die Nacht. Die Wölfe hörten auf zu heulen. Der Wind schlief ein. Das Feuer war wärmer.

Verwundert schauten die Hirten einander an. „Kommt er heute?", flüsterte der Jüngste, der Amos hieß. „Wer?", knurrte sein Nachbar. „Der neue David", sagte Amos. „Gott-bei-den-Menschen."

Da funkelten die Sterne heller und der Wind klang wie ein Lied: „Fürchtet euch nicht. Denn euch ist heute der Heiland geboren."

„ ... **welcher** ist Christus, der Herr, in der Stadt Davids", sage ich. Ich kann die Weihnachtsgeschichte auswendig. „Und das habt zum Zeichen: Ihr werdet finden das Kind, in Windeln gewickelt und in einer Krippe liegen." „Und das", sagte Mose, die Eidechse, laut, „und das ist Gott! Gott bei den Menschen. Halleluja."

Liebe Eltern, Großeltern, Paten und Freunde,

die Geschichten von Frau Bibelwitz sollten Sie zusammen mit Ihrem Kind lesen, vielleicht an der Bettkante oder nach dem Abendessen oder sonntags beim Frühstück. Es sind Geschichten, die zum Gespräch einladen, zum gemeinsamen Fragen und Nachdenken und Weitererzählen.

Was Mose, die Eidechse, da so von sich gibt, das ist oft gar nicht so einfach zu verstehen. Und das ist auch gut so. Wir wissen heute, dass unsere Kinder nicht nur Milch und Brot brauchen, um stark zu werden, sondern vor allem auch geistige Nahrung. Und die möglichst nicht vorgekaut, sondern so richtig zum Beißen.

Bei Mose, der Eidechse, ist es Gott, der uns zu denken gibt. Bibelgeschichten sind Geschichten mit Gott. Freilich: Wenn Frau Bibelwitz sie erzählt, ist das nicht gleich zu erkennen. Frau Bibelwitz erzählt von Menschen, von Neugier, Eifersucht und Wettkampf, von Liebe und Sehnsucht, von groß und klein.
Auch kleine Kinder kennen sich damit schon aus. Sie erkennen sich darin wieder und kommen gut mit. Und so sind sie dann offen für das Besondere, das Wunderbare: Die Eidechse Mose sieht in diesen Geschichten

Gott. Die Kinder sind eingeladen, zusammen mit Ihnen dieser Entdeckung nachzugehen. Finden sie Gott in den Geschichten? Und – wer weiß? – auch im eigenen Leben?

In der Religionspädagogik spricht man heute vom „Theologisieren mit Kindern", das heißt nichts anderes, als mit Kindern über Gott zu reden. Dabei geht es vor allem darum, dass wir ihnen zuhören: Wie verstehen sie das mit Gott? Wie stellen sie sich Gott vor? Was erhoffen sie von ihm, was glauben sie? Ehrlich – da haben wir oft, genauso wie die Kinder, mehr Fragen als Antworten. Da sind wir auf gleicher Augenhöhe und können gemeinsam mit ihnen auf die Suche gehen.

Frau Bibelwitz erzählt:

**von Adam und Eva –
wie Gott sie gehen ließ (Genesis 2 und 3)**

**von Noah und den Tieren –
wie Gott sie rettete (Genesis 7 bis 9)**

**von Abraham und Sara –
wie Gott sie segnete (Genesis 12)**

**von Jakob und Esau –
wie Gott sie versöhnte (Genesis 25-33)**

**von Josef und seinen Brüdern –
wie Gott neue Wege öffnete (Genesis 37-50)**

von Mose und dem Volk Israel –
wie Gott sie führte (Exodus)

von David, dem Hirten –
wie Gott ihn erwählte (1. Buch Samuel)

von Hiob, der in Glück und Unglück
an Gott festhielt (Hiob)

von Elia, dem Propheten –
wie Gott seine Macht zeigte (1. Buch Könige)

von Jona und Ninive –
wie Gott Menschen gewinnt (Jona)

von Johannes dem Täufer –
wie die Menschen auf Gott warten (Matthäus 3)

von den Hirten auf dem Feld –
wie Gott kommt (Lukas 2)

Aber: Gibt es da nicht noch mehr zu erzählen? Mose
und der brennende Dornbusch, Jona und der Fisch ...
War da nicht noch was?

O ja, da ist noch eine Menge. Die vorliegenden Geschichten sind ein Einstieg – mit Absicht und gutem
Grund ein Ausschnitt. Denn Bibelgeschichten sind von
ihrem Ursprung und Anspruch her keine Geschichten für kleine Kinder. Schon immer sind sie daher für
Kinder bearbeitet worden.

Frau Bibelwitz macht das auf ihre – eine neue – Weise:
Sie wählt aus der Fülle wichtiger Motive gerade die aus,
die für die Kinder, denen sie erzählt, bedeutsam sein
können. Vieles andere deutet sie an. Die Kinder sollen
es ruhig wissen – auch Ihre: Da ist noch viel, viel mehr.
Da ist noch genug für ein ganzes Leben in diesem dicken
Buch, das Bibel heißt.
Viel Freude und schöne Entdeckungen wünscht

Martina Steinkühler

Martina Steinkühler
Himmlische Zeiten
Mit Kindern durch das Jahr
Mit Illustrationen von Christof Tisch

Format: 21 cm x 26 cm
durchgehend vierfarbig
Hardcover
mit CD ROM
€ 26,90 [D], € 27,70 [A], sfr 39,90
ISBN 978-3-8436-0095-8

Dirk Schliephake / Martina Steinkühler (Hg.)

12 Kindergottesdienste mit elementaren Bibelgeschichten

Von Adam bis Johannes der Täufer

Reihe: Dienst am Wort, Band 148

Mit Illustrationen von Elli Bruder und digitalem Zusatzmaterial

Format: 15,5 cm x 23,2 cm

Kart., 144 Seiten

€ 16,95 [D]

ISBN 978-3-525-63040-2

Marlene Fritsch
Noah braucht keinen Regenschirm
5–Minuten–Bibel–Geschichten
Mit Illustrationen von Elli Bruder

Format: 16 cm x 24 cm
durchgehend vierfarbig
Hardcover
€ 14,90 [D], € 15,40 [A], sfr 21,90
ISBN 978-3-8436-0164-1